BEI GRIN MACHT SICH IHR WISSEN BEZAHLT

- Wir veröffentlichen Ihre Hausarbeit, Bachelor- und Masterarbeit

- Ihr eigenes eBook und Buch - weltweit in allen wichtigen Shops

- Verdienen Sie an jedem Verkauf

Jetzt bei www.GRIN.com hochladen und kostenlos publizieren

Bibliografische Information der Deutschen Nationalbibliothek:

Die Deutsche Bibliothek verzeichnet diese Publikation in der Deutschen Nationalbibliografie; detaillierte bibliografische Daten sind im Internet über http://dnb.d-nb.de/ abrufbar.

Dieses Werk sowie alle darin enthaltenen einzelnen Beiträge und Abbildungen sind urheberrechtlich geschützt. Jede Verwertung, die nicht ausdrücklich vom Urheberrechtsschutz zugelassen ist, bedarf der vorherigen Zustimmung des Verlages. Das gilt insbesondere für Vervielfältigungen, Bearbeitungen, Übersetzungen, Mikroverfilmungen, Auswertungen durch Datenbanken und für die Einspeicherung und Verarbeitung in elektronische Systeme. Alle Rechte, auch die des auszugsweisen Nachdrucks, der fotomechanischen Wiedergabe (einschließlich Mikrokopie) sowie der Auswertung durch Datenbanken oder ähnliche Einrichtungen, vorbehalten.

Impressum:

Copyright © 2018 GRIN Verlag
Druck und Bindung: Books on Demand GmbH, Norderstedt Germany
ISBN: 9783668693548

Dieses Buch bei GRIN:

https://www.grin.com/document/424010

Jakob Bieguszewski

Betriebliches Gesundheitsmanagement. Alkoholismus am Arbeitsplatz

GRIN Verlag

GRIN - Your knowledge has value

Der GRIN Verlag publiziert seit 1998 wissenschaftliche Arbeiten von Studenten, Hochschullehrern und anderen Akademikern als eBook und gedrucktes Buch. Die Verlagswebsite www.grin.com ist die ideale Plattform zur Veröffentlichung von Hausarbeiten, Abschlussarbeiten, wissenschaftlichen Aufsätzen, Dissertationen und Fachbüchern.

Besuchen Sie uns im Internet:

http://www.grin.com/

http://www.facebook.com/grincom

http://www.twitter.com/grin_com

Fachhochschule für öffentliche Verwaltung

Abteilung Köln

Organisationspsychologie und -soziologie

Betriebliches Gesundheitsmanagement:

Alkoholismus am Arbeitsplatz

Jakob Bieguszewski

Abgabedatum: 14.03.2018

Inhaltsverzeichnis

1 Einleitung 1

    1.1 Zielsetzung 2

    1.2 Vorgehensweise 2

2 Begriffserläuterungen 3

    2.1 Definition des Alkoholismus 3

    2.2 Unterschiedliche Typen des Alkoholismus 3

    2.3 Auswirkungen von Alkoholismus 5

3 Ursachen, Folgen und Hilfe bei Alkoholismus am Arbeitsplatz 7

    3.1 Arbeitsbedingte Ursachen 7

    3.2 Folgen am Arbeitsplatz 8

    3.3 Betriebliche Suchtkrankenhilfe 9

    3.4 Prävention 10

4 Alkoholismus in der öffentlichen Verwaltung 11

5 Fazit und Schlusswort 12

6 Literaturverzeichnis 13

1 Einleitung

Alkohol ist die in unserer Kultur am meisten akzeptierte Droge. Unsere Gesellschaft duldet sogar den Konsum großer Mengen alkoholischer Getränke mit dem Ziel, einen gewissen Grad des Alkoholrausches zu erreichen. Der Konsum von Alkohol wird uns täglich nähergebracht. Alkohol wird den Menschen durch Einflüsse aus Werbung und Gesellschaft regelrecht aufgedrängt. Der Druck der Gesellschaft, in bestimmten Situationen wie z.B. an Karneval oder bei Betriebsfeiern Alkohol trinken zu müssen, ist enorm. Nicht selten werden Abstinenzler für ungesellig und verklemmt gehalten. Diese Menschen werden dann unbewusst von gemeinsamen Aktivitäten ausgeschlossen. Im Allgemeinen kann der Konsum von Alkohol der Entspannung, der Enthemmung und der Förderung der sozialen Kontakte dienen. Negative Auswirkungen zeigen sich dann auf, wenn er gebraucht wird, um soziale Probleme und Belastungen zu bewältigen. Dies können Probleme im Beruf oder im Privatbereich sein, wo man schnell selbst nicht mehr in der Lage ist diese zu überwinden. In diesen Fällen handelt es sich dann um Alkoholmissbrauch, wodurch die Gefahr einer Abhängigkeit gegeben ist. Der Übergang erfolgt hierbei meist fließend, was ein frühzeitiges Erkennen und Eingreifen durch Dritte schwierig macht.

Alkoholabhängige lassen sich in allen Gesellschaftsschichten, Alters- und Berufsgruppen auffinden. Die Gefahr der Abhängigkeit, mit all den negativen Auswirkungen auf das Individuum, das soziale Umfeld und das Gesundheitssystem, wird oftmals unterschätzt. 9,6 Liter reinen Alkohol tranken die Deutschen durchschnittlich im Jahr 2010.[1] Dieser Wert hat sich in den letzten Jahren langsam verringert. So lag der Pro-Kopf-Verbrauch reinen Alkohols 1990 noch bei 12,1 Liter und

---

[1] Vgl. Deutsche Hauptstelle für Suchtfragen e.V. (Hrsg.) (2013). Alkoholabhängigkeit. Suchtmedizinische Reihe. Band 1, 5. Auflage, S. 13.

2000 bei 10,5 Liter.[2] „Im weltweiten Vergleich lag Deutschland 2010 mit 12 Litern Reinalkohol pro Person der Bevölkerung ab 15 Jahren auf Rang 28."[3] Deutschland ist folglich ein Hochkonsumland beim Thema Alkohol. Im internationalen Vergleich bewegen wir uns im oberen Drittel aller erfassten Länder.[4]

1.1 Zielsetzung

Die Arbeit soll alkoholbedingte Ursachen und Folgen am Arbeitsplatz beleuchten. Neben den körperlichen und psychischen Auswirkungen von Alkoholismus soll die Problematik mit alkoholkranken Beschäftigten aufgezeigt werden, die Vorgesetzte und Kollegen und Kolleginnen am Arbeitsplatz haben. Zudem soll der Leser bzw. die Leserin zusätzlich für das Problem des Alkoholkonsums im öffentlichen Dienst sensibilisiert werden, denn auch in diesem Bereich ist Alkoholismus weiterhin ein Tabuthema.

1.2 Vorgehensweise

Zu Beginn der Ausarbeitung erfolgt eine ausführliche Erläuterung zur Definition und zu den unterschiedlichen Typen des Alkoholismus. Im weiterem Verlauf der Arbeit wird dann auf die Ursachen, Folgen und Vorbeugung zum Thema Alkoholismus detailliert eingegangen, bevor im vierten Kapital das Thema Alkohol im öffentlichen Dienst näher beleuchtet wird. Den Abschluss dieser Ausarbeitung bildet dann ein kurzes Fazit zum Thema Alkohol am Arbeitsplatz.

Die Arbeit wird aufgrund einer umfassenden Literaturrecherche und mit Hilfe der deutschen Zitierweise, bei der in einer Fußnote auf die Literaturquelle verwiesen wird, in den Kontext bisherigen Wissens eingeordnet.

---

[2] Deutsche Hauptstelle für Suchtfragen e.V. (Hrsg.) (2013). Alkoholabhängigkeit. Suchtmedizinische Reihe. Band 1, 5. Auflage, S. 13.
[3] Vgl. ebd.
[4] Vgl. ebd.

2 Begriffserläuterungen

2.1 Definition des Alkoholismus

Unter dem Begriff Alkoholismus versteht man „den Konsum von Alkohol, der über das sozial tolerierte für Individuum und/oder Gesellschaft ungefährliche Maß hinausgeht."[5] Die Bezeichnung Alkoholismus ist auf den schwedischen Arzt Huss im Jahre 1852 zurückzuführen.[6] Dieser untersuchte und beschrieb als einer der ersten Mediziner den Alkoholismus. Der Terminus „Alkoholismus" ist allerdings begrifflich unscharf.[7] Er umfasst im täglichen Sprachgebrauch zwei Phänomene, nämlich den Alkoholmissbrauch und die Alkoholabhängigkeit.[8] Diese Differenzierung hat sich mittlerweile als bewährt herausgestellt. Sie ist auch in die großen Klassifikationssysteme der Krankheiten eingegangen wie z.B. die International classification of diseases.[9] Unter Alkoholismus wird heutzutage nur noch die die Alkoholabhängigkeit verstanden, der Begriff Sucht wurde durch den Begriff der Abhängigkeit ersetzt, findet aber wieder häufiger Gebrauch und ist synonym mit der Abhängigkeit zu sehen.[10]

2.2 Unterschiedliche Typen des Alkoholismus

Im weiteren Verlauf der Geschichte wurden die Ansichten von Huss vom US-amerikanischen Physiologen und Erforscher Elvin Morton Jellinek in den 50er Jahren des letzten Jahrhunderts weiter ergänzt und fortgeführt. Jellinek unterscheidet im Folgenden zwischen fünf Typen von Alkoholkranken.[11]

Zunächst ist der Alpha-Typ zu nennen, der als sogenannte Vorstufe zur Alkoholkrankheit zu beschreiben ist. Es handelt sich hierbei um

---

[5] Graw, J. (2010). Genetik. 5. Auflage. Heidelberg: Springer-Verlag, S. 699.
[6] Vgl. Feuerlein, W. (2008). Alkoholismus – Warnsignale, Vorbeugung, Therapie. 6. Auflage. München: Verlag C.H.Beck, S.15. (künftig zitiert: Feuerlein, 2008)
[7] Vgl. Feuerlein, 2005, S. 15.
[8] Vgl. ebd.
[9] Vgl. ebd.
[10] Vgl. ebd.
[11] Vgl. Honsa, H.-J. (2006). Alkohol- und Drogenmissbrauch im öffentlichen Dienst. 2. Auflage. Erich Schmidt Verlag, S. 252. (künftig zitiert: Honsa, 2006)

sogenannte „Problem- oder Konflikttrinker", die sich aber jederzeit noch gegen den Alkoholkonsum entscheiden können und bei denen noch keine besondere körperliche Abhängigkeit eingetreten ist. Grob gesagt sind die Betroffenen durchaus seelisch abhängig, aber nicht alkoholkrank. Der Alkoholkonsum verleiht ihnen das Gefühl sich entspannen zu können oder ihnen das Leben zu erleichtern.[12]

Der Beta-Typ nach Jellinek beschreibt den „Gelegenheitstrinker", der ebenfalls noch keine physischen oder psychischen Abhängigkeiten aufweist, bei dem sich jedoch organische Schäden, wie z.B. eine Leberzirrhose, aus dem regelmäßigen Alkoholkonsum ergeben können. Dieser Typ des Konsumenten ist in unserer Gesellschaft recht häufig vertreten. Gerade das Glas Wein oder Bier zum Essen oder zu bestimmten Anlässen und in Gesellschaft ist in der westlichen Welt moralisch nicht verwerflich und gehört oftmals dazu.[13]

Der Gamma-Typ hingegen ist nach Jellinek als pathologisch anzusehen. Die Betroffenen sind in diesem Fall sowohl physisch als auch psychisch abhängig und können ihren starken Alkoholkonsum nicht mehr bewusst steuern. Aus einem Gläschen Wein werden unbewusst zwei oder mehr Gläser. Das Verlangen nach Alkohol erhöht sich also mit steigendem Alkoholpegel. Charakteristisch für den Gamma-Typen ist zudem, dass sich nach Phasen erhöhten Alkoholkonsums eine enthaltsame Periode einstellen kann.[14]

Weiterhin ist der Delta-Typ zu nennen, der auch als „Spiegeltrinker" bezeichnet wird. Der Begriff „Spiegel" steht im Zusammenhang mit dem „Blutalkoholspiegel", der bei einem Delta-Typ permanent aufrechterhalten werden muss. Ist dies nicht der Fall, leidet der Betroffene unter bestimmten Entzugserscheinungen. Hinzu kommt eine Erhöhung der Alkoholtoleranz, die sich im Laufe der Zeit entwickelt.

---

[12] Vgl. Suchtkrankenhilfe Schwaigern e.V. (Hrsg.). 5 Trinkertypen. URL: http://www.suchtkrankenhilfe-schwaigern.de/info/alkohol/5trinkertypen/ (zuletzt aufgerufen am 04.03.2018).
[13] Vgl. ebd.
[14] Vgl. ebd.

Der Alkoholkranke braucht immer mehr Alkohol um seinen Alkoholspiegel zu erreichen und um die körperliche und seelische Abhängigkeit zu befriedigen. Das Trinken ist somit nicht hauptsächlich auf den Wunsch nach einem Alkoholrausch abgestellt, sondern vielmehr um Entzugserscheinungen zu vermeiden. Neben physischen Schäden kann es auch zu Persönlichkeitsveränderungen kommen und zu einer Reduzierung von körperlicher und geistiger Leistungsfähigkeit. Eine medizinische Behandlung ist unabdingbar und sollte so rasch wie möglich erfolgen. Der Weg aus der Alkoholsucht ist ab diesem Zeitpunkt ohne Hilfe durch Dritte für den Betroffenen nicht mehr zu schaffen.[15]

Der letzte Alkoholtyp nach Jellinek ist der Epsilon-Typ, auch „Quartalssäufer" genannt. Charakteristisch hierfür ist der exzessive Konsum von Alkohol nach einer vorher lang andauernden Phase der Alkoholabstinenz. Während dieser Trinkphase haben die Betroffenen einen Kontrollverlust, sie veranstalten regelrechte Trinkexzesse, die einige Zeit andauern können, und leben dann tagelang in einem Rauschzustand. Sie trinken hemmungslos und haben Erinnerungslücken („Filmrisse").[16] Zusammenfassend lässt sich sagen, dass Alpha und Beta-Trinker gefährdet sind, während Gamma-, Delta- und Epsilon- Alkoholiker dagegen schon alkoholkrank im Sinne der Klassifizierung dieser Krankheit sind.[17]

2.3 Auswirkungen von Alkoholismus

Neben den körperlichen und psychosozialen Schäden durch missbräuchlichen Alkoholkonsum, kommt es bei alkoholkranken Beschäftigten zu einer Beeinflussung der Arbeitsleistung und der psychischen Leistungsfähigkeit. Auftretende Persönlichkeitsveränderungen

---

[15] Vgl. Suchtkrankenhilfe Schwaigern e.V. (Hrsg.). 5 Trinkertypen. URL: http://www.suchtkrankenhilfe-schwaigern.de/info/alkohol/5trinkertypen/ (zuletzt aufgerufen am: 04.03.2018).
[16] Vgl. ebd.
[17] Vgl. ebd.

trüben das Verhältnis zu den Kollegen und Kolleginnen und Vorgesetzten. Alkoholkranke Beschäftigte können gereizt und unberechenbar sein. Erhebliche Spannungen sind dann die Folge.

Körperliche Schädigungen durch den missbräuchlichen Konsum von Alkohol sind:

- bleibende Hirnschäden (Hirn- und Nervenzellen sterben ab)
- Herzschäden
- Leberzirrhose/Fettleber/Hepatitis
- Entzündung der Bauchspeicheldrüse/ Magenschleimhaut
- Schädigung der Niere
- Schädigung des Erbgutes (erhöhtes Risiko bei Schwangeren)
- erhöhtes Krebsrisiko
- Herz-Kreislaufstörungen[18]

Zusammenfassend lässt sich sagen, dass es kaum ein Organsystem gibt, welches nicht durch Alkoholmissbrauch direkt oder indirekt geschädigt werden kann. Dies sind nur einige der möglichen Folgen, die den Einzelnen betreffen können.[19]

Das Bundessozialgericht legte im Jahr 1968 fest, dass Alkoholismus eine Krankheit ist.[20] Diese Entscheidung hat zu weitreichenden positiven Konsequenzen für die Entwicklung und den Ausbau therapeutischer Einrichtungen geführt.[21] Das Krankheitskonzept wurde aber in den letzten Jahrzehnten von unterschiedlichen Seiten kritisiert. Die Kritiker wandten ein, „dass der Alkoholismus eine erlerntes Fehlverhalten sei, das auch wieder verlernt werden könne."[22]

---

[18] Vgl. Rußland, R. (1988). Suchtverhalten und Arbeitswelt – vorbeugen, aufklären, helfen. Frankfurt am Main: Fischer Taschenbuch Verlag, S. 35f. (künftig zitiert: Rußland, 1988)
[19] Vgl. Feuerlein, 2005, S. 22.
[20] Vgl. ebd., S. 16.
[21] Vgl. ebd.
[22] Vgl. ebd.

3 Ursachen, Folgen und Hilfe bei Alkoholismus am Arbeitsplatz

Alkoholismus am Arbeitsplatz liegen meist mehrere Ursachen in verschiedenartiger Kombination zu Grunde. Es können zum einem rein berufliche als auch rein private Gründe eine große Rolle spielen, es ist aber auch eine Kombination aus beiden Lebensbereichen möglich, was auch oftmals in der Realität der Fall ist. Aus einem Bier zur Entspannung kann schnell eine Suchterkrankung entstehen, und zwar dann, wenn es jeden Tag zur Gewohnheit wird und man ohne sein Feierabendbier nicht mehr zur Ruhe kommen kann.

3.1 Arbeitsbedingte Ursachen

Monotonie/Langeweile am Arbeitsplatz, die zu Unterforderung und Unzufriedenheit führt, fehlender Sinn der Tätigkeit und ein dadurch verletztes Selbstwertgefühl, Versagensängste, schlechte und die Gesundheit gefährdende Arbeitsbedingungen (Nacht-, Schicht-, Wochenend- und Akkordarbeit, Lärm u.a.) sind einige beispielhafte Belastungen, die sich negativ auf das Verhalten des Beschäftigten und seinen Umgang mit Alkohol auswirken können.[23] Ein zu großer Verantwortungsbereich, zu hoher Arbeitsanfall und eine dadurch verursachte Überforderung sind ebenfalls Belastungen, die negative Auswirkungen auf den Einzelnen haben können.[24]

Eine weitere berufliche Ursache ist die sogenannte Gratifikationskrise. Hierbei wird der Arbeitnehmer durch fehlende Karrierechancen und mangelnde Belohnung belastet. Die mangelnde Wertschätzung, hervorgerufen durch Vorgesetzte oder Kollegen bzw. Kolleginnen, kann bei einer ohnehin schon labilen Persönlichkeit durchaus zur einer Verschlechterung der Stimmungslage führen.[25] Eine dem Alkohol zugeneigte Person kommt dann schnell in Versuchung, seine schlechte Stimmung mit Hilfe von Alkohol aufzubessern. Ein in den letzten Jahren immer stärker aufkommendes Problem ist das Thema

---

[23] Vgl. Rußland, 1988, S. 121f.
[24] Vgl. ebd.
[25] Vgl. ebd., S. 123.

Mobbing. So kann ein Betroffener zum Beispiel von seinen Kollegen und Kolleginnen schikaniert werden und versucht sich deshalb mit Alkohol zu betäuben, vor allem dann, wenn das Mobbing länger andauern sollte und über Monate hinweggeht.

Eine andere Ursache können Störungen in der psychosozialen Entwicklung des Einzelnen sein. Hier spielen Probleme mit dem Partner bzw. der Partnerin, mit Familienmitgliedern oder im Freundeskreis eine wichtige Rolle. Depressionen, verursacht durch die zuvor genannten Ursachen, können ebenfalls dazu führen, dass man versucht diese mit Alkohol zu überwinden um auf diese Weise wieder in eine bessere Stimmungslage zu gelangen.

3.2 Folgen am Arbeitsplatz

Der missbräuchliche Konsum von Alkohol gefährdet nicht nur die Sicherheit in der Arbeitswelt. So können schon auf dem Weg zur Arbeit Unfälle (Wegeunfälle) passieren.[26] Denn Alkohol beeinträchtigt das Reaktionsvermögen und die Aufmerksamkeit. Die eigene Leistungsfähigkeit aber wird von den Betroffenen meist überschätzt, das Risiko eines Unfalls steigt erheblich an. Betroffene gefährden nicht nur ihre eigene Gesundheit, sondern auch die ihrer Kollegen bzw. Kolleginnen. Vorgesetzte, die Entscheidungen unter Alkoholeinfluss treffen, können durch ihr Handeln weitreichenden negativen Einfluss auf alle ausüben.[27]

Die betriebswirtschaftlichen Folgekosten aufgrund von Suchtmittelmissbrauch sind enorm. Die Fehlzeiten von alkoholabhängigen Beschäftigten liegen um ein Vielfaches höher als beim Betriebsdurchschnitt. Nach erfolgreicher Therapie liegen die Fehl- und Krankheitszeiten der nunmehr abstinenten Beschäftigten aber um einiges unter dem Durchschnitt.[28]

---

[26] Vgl. Rußland, 1988, S. 128.
[27] Vgl. ebd., S. 129.
[28] Vgl. ebd., S. 130.

Alkoholkranke Beschäftigte erbringen nur 75% ihrer Arbeitsleistung, verursachen aber im Gegenzug viel höhere Lohnkosten, beispielsweise die Lohnfortzahlung durch den Arbeitgeber bei krankheitsbedingter Arbeitsunfähigkeit.[29] Dies bedeutet, dass es für den Betrieb von großem Interesse ist, seine Beschäftigten bei der Therapie zu unterstützen. Hilfsprogramme lohnen sich also nicht nur für den Betroffenen, sondern auch für die Krankenkassen und den Arbeitgeber.[30] Sind die Fehlzeiten der Betroffenen nach erfolgreichem Therapiebeginn dann rückläufig, ist derjenige zumindest auf dem richtigen Weg. Außerdem wird meistens das durch die Alkoholkrankheit des Beschäftigten beeinträchtigte Betriebsklima wieder positiver.[31]

3.3 Betriebliche Suchtkrankenhilfe

In vielen großen Betrieben gibt es mittlerweile die betriebliche Suchtkrankenhilfe, deren Aufgabe es ist, die Belegschaft über die Gefahren des Alkohols mittels Broschüren oder Artikeln in Betriebszeitungen zu informieren. Die Beschäftigten sollen dahingehend sensibilisiert werden, dass Alkoholismus eine weit verbreitete Krankheit ist. Außerdem berät sie Betroffene und schult Vorgesetzte, für die der Umgang mit alkoholkranken Beschäftigten meistens schwer ist. Diese, selbstverständlich vertrauliche, Beratung durch Sozialpädagogen und Psychologen gibt schwerpunktmäßig Hilfestellung bei der Durchführung von Entwöhnungsmaßnahmen.

In vielen Betrieben regelt eine Betriebs- bzw. Dienstvereinbarung den Umgang mit alkoholkranken Beschäftigten. In ihr soll konstruktiv „Druck" auf Betroffene ausgeübt werden, ihre Suchtprobleme zu therapieren und die arbeitsvertraglichen Pflichten wieder vollständig zu erfüllen. Auf der anderen Seite werden Hilfsangebote gemacht, Adressen von Beratungsstellen und Selbsthilfegruppen genannt, um den Ausstieg aus der Krankheit zu ermöglichen. Diese Anlaufstellen

---

[29] Vgl. Rußland, 1988, S. 130.
[30] Vgl. ebd.
[31] Vgl. ebd., S. 131.

sind Arztpraxen, Selbsthilfegruppen, Suchtberatungsstellen, arbeitsmedizinische Zentren, Fachkrankenhäuser für Suchtkranke, Organisationen für Fragen zum Thema „Sucht", Krankenkassen und Gewerkschaften.

3.4 Prävention

Bei der Prävention gesundheitlicher und psychosozialer Störungen kann zwischen der Primärprävention und der Sekundär- bzw. Tertiärprävention unterschieden werden.[32] Während sich die Primärprävention um die Verhütung eines Erstausbruchs einer Krankheit bemüht, dienen die Sekundär- bzw. Tertiärprävention „der Früherfassung, der Verkürzung der Dauer der Störung und der Verhütung von Rückfällen."[33] Oftmals können die Ursachen des Alkoholismus vielfach in den Bedingungen der Arbeitswelt liegen. Durch Prävention, durch Maßnahmen und Verhaltensweisen, die geeignet sind, Abhängigkeiten in ihrer Entstehung zu verhindern, kann man entweder am Betroffenen selbst, oder aber bei seiner Umwelt etwas bewirken. Primär können also Beschäftigte selbst dafür sorgen, dass sie zum Beispiel eine vertrauensvolle Beziehung zu ihren Mitmenschen aufbauen.[34] So können sie selbst Netzwerke schaffen, die ihnen in schwierigen Situationen und bei Problemen Hilfestellungen geben und ihnen als Ansprechpartner dienen können. Beschäftigte selbst haben auch Einfluss darauf, wie sie mit Konflikten und Belastungen umgehen, wie sie diese verarbeiten und bewältigen. Dabei helfen die eben erwähnten Netzwerke (Freunde).[35] Ebenso wichtig ist, dass sie Selbstvertrauen in die eigenen Fähigkeiten besitzen und sie das Gefühl haben, ihr eigenes Leben aktiv gestalten zu können und nicht allen Widrigkeiten hilflos ausgeliefert zu sein scheinen.[36]

---

[32] Vgl. Feuerlein, 2008, S. 107.
[33] Ebd.
[34] Vgl. ebd.
[35] Vgl. ebd., S. 108.
[36] Vgl. ebd., S. 108f.

Es stellt sich immer wieder die Frage, was ein Betrieb, Vorgesetzte und Kollegen bzw. Kolleginnen tun können, um Alkoholmissbrauch zu vermeiden. Die Betriebsleitung kann beispielsweise Betriebsvereinbarungen festlegen, die ein absolutes Alkoholverbot am Arbeitsplatz beinhalten. Dazu ist es wichtig, dass der Vorstand das Thema Alkohol nicht tabuisiert, sondern eine eindeutige Position bezieht. Er sollte seiner ablehnenden oder Alkohol akzeptierenden Meinung treu bleiben und für sich selbst und seine Beschäftigten die gleichen Maßstäbe ansetzen. Betriebsvereinbarungen müssen also klar formuliert sein, die Betriebsleitung muss zum Thema Alkohol dort eindeutig Stellung beziehen.

4 Alkoholismus in der öffentlichen Verwaltung

Laut einer Studie des Bundesministeriums für Gesundheit (BMG) sind 5 % der Beschäftigten in der öffentlichen Verwaltung alkoholkrank.[37] Zu erwähnen ist außerdem, dass weitere 10 % der Beschäftigten alkoholgefährdet sind.[38] Doch nicht nur die schlechte Leistungsbilanz stellt ein Problem dar. Vor allen Dingen das Ansehen einer Behörde könnte durch Beschäftigte mit Alkoholproblemen massiv geschädigt werden.[39] Die öffentliche Verwaltung trägt gerade im rechtlichen Bereich Verantwortung. Der Beschäftigten in der öffentlichen Verwaltung handeln im Auftrag ihres Dienstherrn. Geschieht dies unter Alkoholeinfluss und kommt es auch noch zu einem Schaden, z.B. durch falsche Rechtsauskünfte oder eine grob fehlerhafte Bearbeitung eines Antrags, könnte die ohnehin schon eher unbeliebte Behörde einen Imageschaden erleiden.[40] Darüber hinaus wird das Arbeitsklima durch alkoholkranke Beschäftigte behörden- oder abteilungsintern erheblich beeinträchtigt. Hohe Fehlzeiten führen dazu, dass Arbeit liegen bleibt und diese auf andere Kollegen und Kolle-

---

[37] Vgl. Honsa, (2006), S. 42.
[38] Vgl. ebd.
[39] Vgl. ebd., S. 44.
[40] Vgl. ebd.

ginnen in der Abteilung verteilt werden muss, was im Umkehrschluss zu einer Leistungsminderung der gesamten Abteilung und zu einem gewissen Unmut bei den anderen Beschäftigten führt.[41]

5 Fazit und Schlusswort

Obwohl der Konsum von Alkohol weitestgehend akzeptiert wird, ist das Thema der Alkoholabhängigkeit oftmals noch ein Tabuthema in unserer Gesellschaft. Möchte man gerade als Kollege bzw. als Kollegin niemandem zu nahetreten, zu Unrecht verdächtigen und somit das gute Verhältnis zu diesem Menschen riskieren. Als Vorgesetzter dagegen hat man eine hohe Verantwortung gegenüber seinen Beschäftigten. Das Ziel, die Abstinenz vom Alkohol, kann aber nur erreicht werden, wenn alle zusammenarbeiten – Betroffene, Vorgesetzte und Kollegen und Kolleginnen zugleich. Dazu dürfen dem Betrieb zur Prävention zur Verfügung stehende finanzielle Mittel nicht gekürzt werden, denn die Schäden, die die Krankheit verursacht, liegen um ein Vielfaches höher, als die Kosten der Verhinderung.

Das Problem Alkoholsucht am Arbeitsplatz sollte gerade im öffentlichen Dienst thematisiert werden und die Vorgesetzten dahingehend hinreichend sensibilisiert werden, um im Ernstfall adäquat reagieren zu können. Darüber hinaus ist der Einsatz von sozialen Ansprechpartnern bzw. Suchtbeauftragten in den jeweiligen Behörden sinnvoll. Sie sind zum Schweigen verpflichtet und nehmen eine beratende Funktion ein. Betroffene können einen solchen Ansprechpartner aufsuchen, um sich über Therapiemöglichkeiten zu informieren und um überhaupt eine erste Anlaufstelle für ein persönliches Gespräch zu haben. Eine Verknüpfung von sinnvollen Interventions- und Präventionsmaßnahmen innerhalb des Betriebes bzw. der Behörde könnte in Zukunft die Zahl der alkoholkranken Beschäftigten verringern und Neuerkrankungen verhindern.

---

[41] Vgl. Honsa, (2006), S. 44.

6 Literaturverzeichnis

Deutsche Hauptstelle für Suchtfragen e.V. (Hrsg.) (2013). Alkoholabhängigkeit. Suchtmedizinische Reihe. Band 1, 5. Auflage. Hamm: Deutsche Hauptstelle für Suchtfragen e.V.

Feuerlein, W. (2008). Alkoholismus – Warnsignale, Vorbeugung, Therapie. 6. Auflage. München: Verlag C.H.Beck.

Graw, J. (2010). Genetik. 5. Auflage. Berlin Heidelberg: Springer-Verlag.

Honsa, H.-J. (2006). Alkohol- und Drogenmissbrauch im öffentlichen Dienst. 2. Auflage. Berlin: Erich Schmidt Verlag.

Rußland, R. (1988). Suchtverhalten und Arbeitswelt – vorbeugen, aufklären, helfen. 1. Auflage. Frankfurt am Main: Fischer Taschenbuch Verlag.

Suchtkrankenhilfe Schwaigern e.V. (Hrsg.). 5 Trinkertypen. URL: http://www.suchtkrankenhilfe-schwaigern.de/info/alkohol/5trinkertypen/ (zuletzt aufgerufen am 04.03.2018).

BEI GRIN MACHT SICH IHR WISSEN BEZAHLT

- Wir veröffentlichen Ihre Hausarbeit, Bachelor- und Masterarbeit

- Ihr eigenes eBook und Buch - weltweit in allen wichtigen Shops

- Verdienen Sie an jedem Verkauf

Jetzt bei www.GRIN.com hochladen und kostenlos publizieren